Voilà mon école

Titre original de l'ouvrage : "Mi escuela"
© Parramón ediciones, S.A.
© Bordas. Paris. 1988 pour la traduction française
I.S.B.N. 2-04-018168-7
Dépôt légal : Août 1988

Imprimé en Espagne par
EMSA, Diputación, 116
08015 Barcelona, en Juillet 1988
Dépôt légal : B-28.386-88
Numéro d'Éditeur : 785

Toute représentation ou reproduction, intégrale ou partielle, faite sans le consentement de l'auteur, ou des ses ayants droit ou ayants cause, est illicite (loi du 11 mars 1957, alinéa 1 er de l'article 40). Cette représentation ou reproduction, par quelque procédé que ce soit, constituerait une contrefaçon sanctionnée par les articles 425 et suivants, du code pénal. La loi du 11 mars 1957 n'autorise, aux termes des alinéas 2 et 3 de l'article 41, que les copies ou reproductions strictement réservées à l'usage privé du copiste et non destinées à une utilisation collective d'une part et, d'autre part, que les analyses et les courtes citations dans un but d'exemple et d'illustration.

la bibliothèque des tout-petits

J.M. Parramón · Irène Bordoy

Voilà mon école

Bordas

Jean, Pierre, Isabelle
et Marie sont quatre amis.
Ils vont à la même école.
Ils sont vraiment très amis.

Isabelle, c'est celle qui a des couettes
et Pierre celui qui a les cheveux en brosse.

L'entrée de l'école est grande.
Et, dans l'entrée, il y a toujours
le surveillant.
Pierre est encore en retard !

Dans la classe de Jean, de Pierre, d'Isabelle et de Marie, il y a douze élèves, douze chaises et trois tables...

...et la maîtresse qui explique les leçons ou pose des questions à tous les élèves.

Un jour, la maîtresse a demandé à Isabelle de venir écrire au tableau.

Une fois, tous les élèves ont fait une grande peinture sur une immense feuille de papier accrochée au mur.

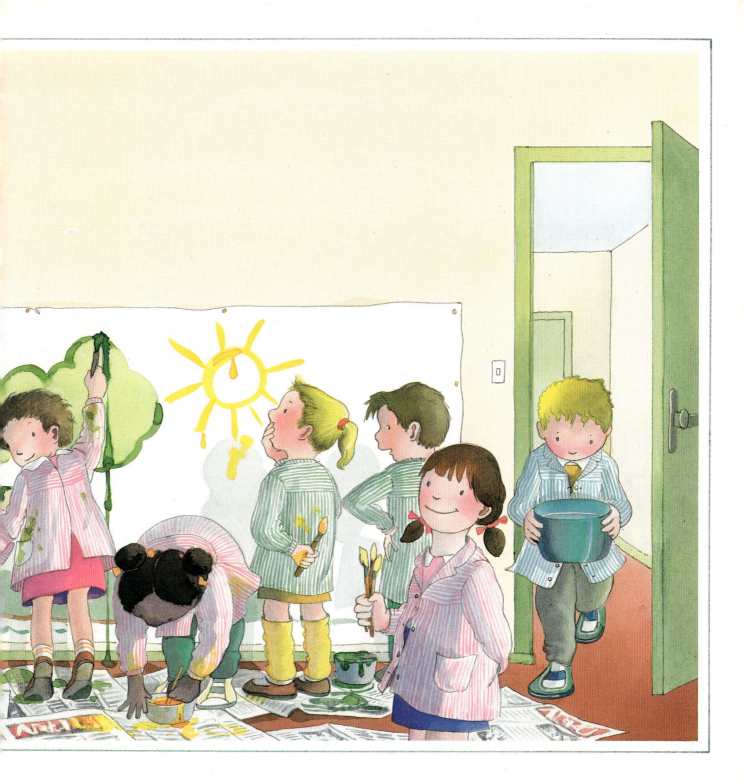

Une autre fois,
Jean a lu une histoire
et tous les élèves suivaient
le texte sur leur livre.

Le matin et l'après-midi,
Jean, Pierre, Isabelle et Marie
vont en récréation.
Ils jouent au ballon,
sautent ou courent.

Après la récréation, tous les enfants se mettent en rang et retournent en classe.

Jean, Pierre, Isabelle et Marie
mangent tous les jours
à la cantine de l'école.

Dans l'école, il y a aussi une salle de gymnastique. Le professeur apprend aux élèves à courir et à sauter.

Après la classe, Jean, Marie et Pierre rentrent chez eux. Mais Isabelle va à son cours de danse.

Un jour, au moment où Isabelle se préparait à rentrer chez elle, le surveillant lui a demandé :
–C'est vrai que tu aimes bien l'école ?
Et Isabelle lui a répondu :
–Oh ! oui ! beaucoup, c'est MON ÉCOLE.

MON ÉCOLE

"Toute personne a droit à l'éducation. L'éducation sera obligatoire et gratuite, au moins l'enseignement élémentaire. L'accès aux études supérieures sera ouvert également à tous, selon les mérites de chacun".
Déclaration Universelle des Droits de l'Homme.

Qu'est-ce que l'éducation?

L'éducation est le moyen par lequel une personne développe ses capacités et forme son caractère. Ce processus commence au foyer, culmine à l'école, et dure toute la vie. Mais, au cours de l'histoire, chaque institution intervenant dans le processus éducatif a eu une incidence différente.

L'éducation sans écoles et sans maîtres

Dans la préhistoire —et aujourd'hui encore chez les peuplades primitives—, il n'y avait ni école ni maître, au moins au sens actuel du terme. Cependant, une éducation existait, c'est-à-dire une transmission de connaissances d'une *génération* à l'autre. Les preuves de la maturité étaient ce qu'on appelle les rites de passage, qui permettaient à l'adolescent d'accéder au statut social d'adulte.

Les premières écoles

Les premiers maîtres étrangers au cercle familial, et les premières écoles, apparurent il y a quelque cinq mille ans, avec les grandes civilisations: sumérienne, égyptienne, indienne et chinoise.

L'éducation en Grèce

Le premier modèle de l'éducation grecque fut le modèle spartiate. L'éducation physique y prédominait, ayant pour but de former de bons soldats pour l'État.

Les premières tentatives de réforme de l'éducation spartiate furent abordées par les philosophes. Socrate défendait l'école *sophiste*, fondée sur le dialogue. Platon, son disciple, conçut un plan d'éducation —l'éducation athénienne— selon lequel les fils des citoyens libres devaient non seulement recevoir un entraînement physique et une instruction militaire spartiates, mais aussi, étant accompagnés par un *pédagogue*, participer à des classes de *grammaire* pour apprendre à lire et à écrire. On leur enseignait également l'arithmétique, et un *cithariste* leur apprenait la musique et la poésie. Dans ce système éducatif, il n'y avait pas de place pour les filles.

L'école romaine

Les premières écoles publiques romaines se sont organisées selon le modèle athénien. Mais, à Rome, le *litterator* apprenait à lire et à écrire aux garçons comme aux filles. À partir de douze ou treize ans, seuls les garçons recevaient encore une instruction. Le *grammaticus* leur donnait des leçons de grammaire grecque et latine, d'astronomie, de géographie, d'histoire et de musique. Lorsqu'il avait dix-sept ans, le *puer* (petit garçon) devenait *juvenis* (adolescent) et se préparait à la vie publique en étudiant la rhétorique et l'éloquence.

De l'éducation religieuse à l'éducation humaniste

Au Moyen Âge, l'Église était la détentrice de la culture classique fondée sur la connaissance du latin. Seuls les adolescents destinés au sacerdoce recevaient une instruction dans des écoles, exclusivement religieuses, de deux types: *écoles monacales*, situées dans des monastères, et *écoles épiscopales*, dépendant d'une cathédrale. Ces dernières furent à l'origine des universités.

La première tentative sérieuse d'enseignement laïque vint des corporations artisanales.

La prospérité du commerce au Moyen Âge donna naissance à une nouvelle classe sociale, la bourgeoisie, qui créa ses propres écoles.

Avec la Renaissance, le commerce s'intensifia encore en raison des découvertes géographiques, et on vit s'éveiller un nouvel intérêt pour la connaissance de tous les arts et de toutes les sciences.

Les premiers pédagogues

Jean-Jacques Rousseau (1712-1778), écrivain français né à Genève, développe, dans son œuvre *Émile*, l'idée que l'éducation doit être spontanée et naturelle.

Les théories de Rousseau se retrouvent chez deux pédagogues: Pestalozzi et Fröbel.

Pour le pédagogue suisse Johann Heinrich Pestalozzi (1748-1827), l'éducation devrait consister en un développement progressif et harmonieux de toutes les capacités de l'être humain.

Friedrich Fröbel (1782-1852), collaborateur de Pestalozzi, concrétisa les idées de son maître en créant un type d'école qui a plus tard servi pour désigner l'enseignement préscolaire dans le monde entier: les jardins d'enfants.

D'autres pédagogues, au XXe siècle, ont souligné l'importance de l'éducation individualisée selon la psychologie de l'enfant, sans toutefois perdre de vue que le travail à l'école doit être collectif.

L'éducation aujourd'hui

De nos jours, l'éducation a atteint des objectifs importants: elle est obligatoire et gratuite dans de nombreux pays jusqu'à un âge déterminé; on cherche à faire comprendre les choses à l'élève, et l'on vise un enseignement actif qu'il aide lui-même à planifier; on considère enfin que l'éducation est une tâche conjointe de l'école et de la famille, et on renforce la participation des parents à l'activité scolaire.

Néanmoins, il reste encore, en matière d'éducation, de nombreux problèmes non résolus par la société actuelle: entre autres, le fait que la scolarisation, dans certains pays, est encore insuffisante et que, par conséquent, il existe un taux élevé d'analphabétisation dans les pays du tiers monde.

À l'école, l'enfant apprend à mieux connaître le monde. Il développe son intelligence et apprend à faire un meilleur usage de ses capacités naturelles.

Bordas Jeunesse

BIBLIOTHÈQUE DES TOUT-PETITS

de 3 à 5 ans

Conçue pour les enfants de 3 à 5 ans, la *Bibliothèque des tout-petits* leur permet de maîtriser des notions fondamentales mais un peu abstraites pour eux : la perception sensorielle, les éléments, le rythme des saisons, les milieux de vie...
Ses diverses séries, constituées en général de 4 titres pouvant chacun être lu de manière autonome, en font une miniencyclopédie dont la qualité graphique, la précision et la fraîcheur de l'illustration sollicitent la sensibilité, l'imagination et l'intelligence du tout-petit.

LES CINQ SENS
L'ouïe
Le toucher
Le goût
L'odorat
La vue

LES QUATRE SAISONS
Le printemps
L'été
L'automne
L'hiver

LES QUATRE ÉLÉMENTS
La terre
L'air
L'eau
Le feu

LES ÂGES DE LA VIE
Les enfants
Les jeunes
Les parents
Les grands-parents

LES QUATRE MOMENTS DU JOUR
Le matin
L'après-midi
Le soir
La nuit

JE VOYAGE
En bateau
En train
En avion
En voiture

UN JOUR À...
La mer
La montagne
La campagne
La ville

RACONTE-MOI...
Le petit arbre
Le petit lapin
Le petit oiseau
Le petit poisson

MON UNIVERS
Voilà ma maison
Voilà ma rue
Voilà mon école
Voilà mon jardin

Pour éclater de lire